BEI GRIN MACHT SICH IHR
WISSEN BEZAHLT

- Wir veröffentlichen Ihre Hausarbeit,
  Bachelor- und Masterarbeit

- Ihr eigenes eBook und Buch -
  weltweit in allen wichtigen Shops

- Verdienen Sie an jedem Verkauf

Jetzt bei www.GRIN.com hochladen
und kostenlos publizieren

Bibliografische Information der Deutschen Nationalbibliothek:

Die Deutsche Bibliothek verzeichnet diese Publikation in der Deutschen National-
bibliografie; detaillierte bibliografische Daten sind im Internet über http://dnb.d-
nb.de/ abrufbar.

Impressum:

Copyright © 2015 GRIN Verlag
Druck und Bindung: Books on Demand GmbH, Norderstedt Germany
ISBN: 9783668989351

Dieses Buch bei GRIN:

https://www.grin.com/document/490763

Trainingsplanung für Beweglichkeits- und Koordinationstraining

GRIN Verlag

GRIN - Your knowledge has value

Der GRIN Verlag publiziert seit 1998 wissenschaftliche Arbeiten von Studenten, Hochschullehrern und anderen Akademikern als eBook und gedrucktes Buch. Die Verlagswebsite www.grin.com ist die ideale Plattform zur Veröffentlichung von Hausarbeiten, Abschlussarbeiten, wissenschaftlichen Aufsätzen, Dissertationen und Fachbüchern.

Besuchen Sie uns im Internet:

http://www.grin.com/

http://www.facebook.com/grincom

http://www.twitter.com/grin_com

Inhaltsverzeichnis

1 Personendaten

1.1 Allgemeine und biometrische Daten

Bei der im weiteren Verlauf dargestellten Person handelt es sich um Herrn G.. In einem Erstgespräch wurden sowohl allgemeine- und biometrische Daten, als auch das Trainingsmotiv, der zeitliche Verfügungsrahmen sowie der allgemeine Gesundheitszustand festgestellt. Sämtliche Daten zu seiner Person sind in der folgenden Tabelle dargestellt.

Tabelle 1: allgemeine Daten von Herrn G. (erhoben am 04.04.2016)

Name	Herr G.
Alter	28 Jahre
Geschlecht	männlich
Körpergröße	180 cm
Körpergewicht	80 kg
Trainingsmotive und Wünsche	verbesserte Beweglichkeit, Bewältigung von Verspannungen im Schulter- Nackenbereich
Berufliche Tätigkeit	Maschinenbauingenieur
aktuelle sportliche Tätigkeiten	seit 1/2 Jahr sportlich aktiver; 1 mal/Woche Krafttraining und 2 mal/Woche Ausdauertraining á 30 Minuten, ohne systematische Trainingsplanung, keine Erfahrungen mit Beweglichkeits- bzw. Koordinationstraining
frühere sportliche Aktivitäten	bis vor einem Jahr, gelegentliches Joggen im Wald
Leistungsstufe	freizeitorientiert
Zeitlicher Verfügungsrahmen	3 mal pro Woche, jeweils 20-30 Minuten

Tabelle 2: biometrische Daten von Herrn G. (erhoben am 04.04.2016)

	Ist-Wert	Normwert	Diagnose
BMI	24,7 kg/m^2	18,5-24.9 kg/m^2	normal
Ruhepuls	72 S/min	60-80 S/min	normal
Blutdruck	122/78 mmHg [*1]	< 130/< 90 mmHg	Normal

Faktoren	vorhanden
orthopädische und internistische Probleme	Verspannungen im Bereich des Nackens und der Schultern, Bewegungsdefizite im Bereich der ichiocruralen Muskulatur
ärztliche Behandlungen	keine
Medikamenteneinnahme	keine
sonstige gesundheitliche Einschränkungen	keine
Risikofaktoren	keine
allgemeine Befindlichkeit	frustriert über anhaltende Schmerzen im Schulter- Nackenbereich

1.2 Bewertung der festgestellten Daten

Aufgrund des detaillierten Erstgesprächs konnte Herr G., welcher nach eigner Aussage in seinem bisherigen Leben nur mäßig sportlich aktiv war, als Trainingsbeginner eingestuft werden. Sein BMI liegt mit 24,7 kg/m^2 im "normalen" Bereich. (vgl. Tabelle 3)

Tabelle 3: Klassifizierung der Body-Mass-Index (BMI) (World Health Organization, 2000)

Klasse	BMI (kg/m2)
Untergewicht	< 18,5
Normalgewicht	18,5-24.9
Übergewicht	25,0-29,9
Adipositas Grad I	30,0-34,9
Adipositas Grad II	35,0-39,9
Adipositas Grad III	> 40

Der von Herrn G. selbständig über 5 Tage nach dem Erwachen ermittelte durchschnittliche Ruhepuls liegt mit 72 Schlägen/Minute im durchschnittlichen Bereich für den eines Mannes (vgl. Weineck, 2003).

Der Blutdruck, sowie der Puls eines Menschen, unterliegen im Tagesverlauf je nach Tätigkeit und Situation starken Schwankungen. Während einer ärztlichen Diagnostik meist ein über 24 Stunden aufgezeichnetes Blutdruckprofil zugrunde liegt, wurde als grober

4

Anhaltspunkt einmalig der Blutdruck von Herrn G. festgestellt. Die Blutdruckmessung betrug nach fünf minütiger Liegephase 122/78 mmHg. Laut Klassifikation der arteriellen Hypertonie der World Health Organisation (WHO) entspricht dieser Wert einem "normalem Blutdruck". Zusammenfassend ist die Belastbarkeit Bezug nehmend auf die ermittelten Daten uneingeschränkt gegeben. Ein Beweglichkeits- sowie Koordinationstraining ist somit ohne eine vorige ärztliche Abklärung realisierbar.

2 Beweglichkeitstestung

Im Rahmen der Anamnese wurde zur Feststellung muskulärer Dysbalancen die Beweglichkeit sämtlicher großer Gelenke unter Verwendung des vereinfachten Testverfahrens nach Janda (vgl. Eifler, 2015, S. 48) bestimmt.

Die Testdurchführung sowie daraus resultierende Ergebnisse sind zur genaueren Betrachtung in nachfolgender Tabelle aufgeführt:

2.1 Durchführung der Beweglichkeitstestung

Tabelle 4: Durchführung der Beweglichkeitstestung bei Herrn G.

Testung der Brustmuskulatur (M. pectoralis major)	Testauswertung (nach Janda, 2000, S. 271)
Positionierung	Stufe 0:
Der Proband nimmt auf einer Behandlungsliege eine liegende Position ein. Zur Beckenfixierung befinden sich beide Beine angewinkelt, mit den Füßen auf der Liege abgestellt. Die zu testende Schulter wird seitlich abschließend zur Liege positioniert. Der zu testende Arm wird im Schultergelenk um 90° abduziert sowie außenrotiert. Im Ellenbogengelenk ist eine um 90° adduzierte Position einzunehmen.	Oberarm erreicht Horrizontale Stufe 1: Oberarm erreicht Horrizontale unter leichtem Druck des Testers Stufe 2. Oberarm erreicht Horrizontale unter leichtem Druck des Testers nicht

Testdurchführung

Als Messbereich gilt die Position des Oberarms zur Horrizontalen. Im Rahmen der Testung bleiben die Lendenwirbelsäule und das Becken fixiert. Der Thorax wird durch einen in diagonaler Richtung wirkenden Zug vom Tester fixiert.

Nach der Protokollierung des Testergebnisses erfolgt die Messung der Gegenseite.

Testung der Hüftbeugemuskulatur (speziell M. iliopsoar)	Testauswertung (nach Janda, 2000, S. 271)
Positionierung	Stufe 0:
Der Proband nimmt auf einer Behandlungsliege eine liegende Position ein. Das Gesäß wird abschließend zur Liege positioniert. Beide Beine befinden sich im Überhang.	Oberschenkel erreicht Horrizontale
	Stufe 1:
	Oberschenkel erreicht Horrizontale unter leichtem Druck des Testers
Testdurchführung	
Der Proband flexiert ein Bein zunehmend maximal in der Hüfte. Nun wird die Hüftflexion des freien Beines beobachtet. Als Messbereich gilt die Position des freien Oberschenkels zur Körperlängsachse.	Stufe 2. Oberschenkel erreicht Horrizontale unter leichtem Druck des Testers nicht

Nach der Protokollierung des Testergebnisses erfolgt die Messung der Gegenseite.

Testung der Kniestreckmuskulatur (speziell M. rectus femoris)	Testauswertung (nach Janda, 2000, S. 271)
Positionierung	Stufe 0:
Der Proband nimmt auf einer Behandlungsliege eine liegende Position ein. Das Gesäß wird abschließend zur Liege positioniert.	Unterschenkel hängt senkrecht herab

Beide Beine befinden sich im Überhang.

Testdurchführung

Der Proband flexiert ein Bein maximal. Der Tester fixiert das andere im maximal möglichen Hüftextensionswinkel. Nun wird der Unterschenkel in den maximalen Kniebeugewinkel bewegt. Als Messbereich wird die Position des Oberschenkels zum Unterschenkel (Kniebeugewinkel) gewertet.

Nach der Protokollierung des Testergebnisses erfolgt die Messung der Gegenseite.

Stufe 1:

Unterschenkel erreicht einen 90° Kniebeugewinkel durch leichten Druck des Testers

Stufe 2:

Unterschenkel erreicht einen 90° Kniebeugewinkel durch leichten Druck des Testers nicht

Testung der Kniebeugemuskulatur (Mm. ischiocrurales)	Testauswertung (nach Janda, 2000, S. 271)
Positionierung	Stufe 0:
Der Proband nimmt auf einer Behandlungsliege eine liegende Position ein. Zur Beckenfixierung befinden sich ein Beine angewinkelt, mit dem Fuß auf der Liege abgestellt.	Hüftflexion im Ausmaß von 90° möglich
	Stufe 1:
	Hüftflexion im Ausmaß von 80°-90° möglich
Testdurchführung	Stufe 2:
Das andere Bein wird vom Tester gestreckt in eine maximal mögliche Hüftflexion geführt. Dabei ist auf das freihalten der Patella und ein fixiertes Becken zu achten. Als Messbereich gilt der Hüftbeugewinkel. Nach der Protokollierung des Testergebnisses erfolgt die Messung der Gegenseite.	Hüftflexion im Ausmaß von unter 80°möglich

Testung der Wadenmuskulatur (Mm. triceps surae)	Testauswertung (nach Janda, 2000, S. 271)
Positionierung	Stufe 0:
Der Proband nimmt auf einer Behandlungsliege eine liegende Position ein. Das nicht	Dorsalextension bis mindestens 0° möglich

zu testende Bein befindet sich angewinkelt, mit dem Fuß auf der Liege abgestellt. Das zu testende Bein ragt über die Behandlungsliege hinaus.

Testdurchführung

Das zu testende Bein wird vom Tester distal am Fersenbein fixiert. Mit Griff über die Außenkante des Fußes übt der Tester mit dem Daumen einen Druck, bei gleichzeitigem Zug über das Fersenbein, bis zur maximal möglichen Dorsalextension aus.

Nach der Protokollierung des Testergebnisses erfolgt die Messung der Gegenseite.

Stufe 1:
Dorsalextension möglich, 0° wird nicht erreicht

Stufe 2:
Dorsalextension nur bis 10° unterhalb der 0°-Stellung möglich

2.2 Zusammenfassung der Testergebnisse

Tabelle 5: Ergebnisse des Beweglichkeitstests von Herrn G. (ermittelt am 04.04.2016)

Muskelgruppen	Testergebnis links	Testergebnis rechts	Bewertung
Brustmuskulatur (M. pectoralis major)	Stufe 1	Stufe 1	leichtes Bewegungsdefizit
Hüftbeugemuskulatur (speziell M. iliopsoar)	Stufe 1	Stufe 1	leichtes Bewegungsdefizit
Kniestreckmuskulatur (speziell M. rectus femoris)	Stufe 0	Stufe 0	kein Bewegungsdefizit
Kniebeugemuskulatur (Mm. ischiocrurales)	Stufe 2	Stufe 2	deutliches Bewegungsdefizit
Wadenmuskulatur (Mm. triceps surae)	Stufe 1	Stufe 1	leichtes Bewegungsdefizit

2.3 Bewertung der Testergebnisse

Die Beweglichkeitstestung von Herrn G. ergab eine leichte Beweglichkeitseinschränkung in der Brust-,Hüftbeuge- und Wadenmuskulatur. Insbesondere die Kniebeugemuskulatur wies ein deutliches Bewegungsdefizit auf. Aufgrund der großteils sitzenden beruflichen Tätigkeit als Ingenieur, ist diese daraus resultierende Beweglichkeitseinschränkung keine Seltenheit.

3 Trainingsplanung Beweglichkeitstraining

Auf die Bewegungsdefizite sowie die persönlichen Daten von Herrn G. bezug nehmend, wurde eine Trainingsplanung zur Verbesserung der Beweglichkeit erstellt. Diese wird in der folgenden Tabelle zusammengefasst dargestellt.

3.1 Übersicht der verwendeten Dehnübungen

Tabelle 6: Übersicht sämtlicher Dehnübungen (eigene Darstellung)

Muskulatur		Dehnmethode	
Deutsche Bezeichnung	Lateinische Bezeichnung	Dehnform	Arbeitsweise
Kniebeugemuskulatur	M. semitendinosus M. biceps femoris M. semimembranosus	aktiv-passiv	postisometrisch
Wadenmuskulatur	M. gastrocnemius M. soleus	passiv	statisch
Brust- und Armbeugemuskulatur	M. pectoralis major M. biceps brachii	passiv	statisch
Adduktoren	M. adduktor brevis M. adduktor longus M. adduktor magnus M. pectineus	passiv	dynamisch
Kniestreckmuskulatur	M. vastus medialis M. vastus lateralis M. vastus intermedius M. rectus femoris	aktiv-passiv	dynamisch
Nackenmuskulatur	M. trapezius	aktiv-passiv	statisch

	M. levator scapulae		
	M. rhomboideus major		
	M. rhomboideus minor		
Gesäßmuskulatur	M. gluteus medius	passiv	dynamisch
	M. gluteus maximus		
	M. gluteus minimus		
Schulterblattfixatoren	M. trepezius	aktiv	statisch
	M. serratus anterior		
	M. rhomboideus		
	M. levator scapulae		
Schulter- und Bauchmuskulatur	M. rectus abdominis	passiv	statisch
	M. obliquus internus abdominis		
	M. obliquus externus abdominis		
	M. latissimus dorsi		
	M. pectoralis major		
seitliche Bauchmuskulatur	M. obliquus internus abdominis	passiv	statisch
	M. obliquus externus abdominis		

3.2 Detaillierte Beschreibung der einzelnen Dehnübungen

Eine genaue Ausführung der Dehnübungen wird im folgenden dargestellt.

3.2.1 Kniebeugemuskulatur

Um die kniebeugende Muskulatur zu dehnen, nimmt die Person eine, auf einem Hocker, sitzende Position ein. Das zu dehnende Bein wird gestreckt mit der Verse in Schrittrichtung aufgestellt, das andere Bein angewinkelt daneben. Nun wird der Oberkörper unter Beibehaltung eines geraden Rückens nach vorne geschoben, bis sich eine leichte Dehnung der ischiocruralen Muskulatur einstellt. Nun wird die Muskulatur isometrisch 8 Sekunden kontrahiert. Im Anschluss wird die nun für 3 Sekunden völlig entspannt. Nun wir eine deutliche Dehnung statisch für 15 Sekunden gehalten (Hohmann, Lames & Letelter, 2002, S. 100; Sölveborn, 1983, S.13). Ein Wechsel aus isometrischer Kontraktion und Dehnung wird so 60 Sekunden im Wechsel wiederholt. Nach der Dehnung dieser Seite erfolgt ein Seitenwechsel.

3.2.2 Wadenmuskulatur

Die Person nimmt eine stabile und aufrechte Schrittstellung ein. Der Kopf befindet sich in Verlängerung zur Wirbelsäule. Das hintere Bein steht gestreckt und mit der Ferse auf dem Boden aufgestellt. Das vordere Bein ist in einer leichten Kniebeugung vor dem Körper stehend platziert. Nun wir der Oberkörper in Schrittrichtung nach vorne geschoben, bis eine Dehnung der Wadenmuskulatur statisch erfolgt. Nach der Dehnung dieser Seite erfolgt ein Seitenwechsel.

3.2.3 Brust- und Armbeugemuskulatur

Seitlich, aufrecht zu einer Wand stehend, wird das wandseitige Bein in Schrittstellung nach vorne, das andere Bein nach hinten gestellt. Der wandseitige Arm wird gestreckt auf Schulterhöhe, mit Handfläche an der Wand, hinter dem Körper platziert. Es erfolgt eine Oberkörperrotation von der Wand weg, bis zur statischen Dehnung der Brust- und Armbeugemuskulatur. Da die Dehnung nicht durch eine Kontraktion der antagonistischen Muskulatur erfolgt, ist diese Dehnung als passiv einzustufen.

3.2.4 Adduktoren

Es wird eine aufrecht sitzende, mit dem Kopf in Verlängerung zur Wirbelsäule, Position eingenommen. Die Knie sind gebeugt und die Fußsohlen zeigen in einer Schneidersitzposition zueinander. Beide Hände umgreifen die Sprunggelenke. Die Ellenbogen drücken nun die Knie dynamisch in Richtung Boden auseinander, bis eine Dehnung erfolgt. Nach der Dehnung dieser Seite erfolgt ein Seitenwechsel.

3.2.5 Kniestreckmuskulatur

Zur Dehnung der Kniestreckmuskulatur wird eine stabile Seitenlage eingenommen. Der Rücken befindet sich in einer geraden Position und der Kopf bei Bedarf abgelegt in Verlängerung zur Wirbelsäule. Das bodennahe Bein ist zur Stabilisierung leicht gebeugt. Das bodenferne Bein wird in der Hüfte gestreckt, durch die bodenferne Hand in eine maximal mögliche Knieflexion gebracht. Durch ein dynamisches Hervorschieben der Hüfte erfolgt die Dehnung. Nach der Dehnung dieser Seite erfolgt ein Seitenwechsel.

3.2.6 Nackenmuskulatur

Die Person steht aufrecht, mit leicht angewinkelten Beinen hüftbreit auf dem Boden. Nun wird der Kopf zur Seite in Richtung der Schulter geneigt. Das Gesicht ist permanent nach vorne gerichtet. Um die statische Dehnung zu verstärken, wird die gegenüberliegende Schulter aktiv nach unten gezogen.

3.2.7 Gesäßmuskulatur

Es wird eine auf dem Rücken liegende Position eingenommen. Ein Bein wird angewinkelt mit dem Fuß auf dem Boden aufgestellt. Das andere Bein wird gebeugt und außenrotiert mit dem Sprunggelenk auf den unteren Bereich des stehenden Oberschenkels gelegt. Beide Hände greifen den abgestellten Unterschenken möglichst nahe der Patella. Nun wird das auf dem Boden stehende Bein dynamisch maximal möglich an den Oberkörper herangezogen, bis eine Dehnung spürbar ist. Nach der Dehnung dieser Seite erfolgt ein Seitenwechsel.

3.2.8 Schulterblattfixatoren

Aus einer hüftbreiten, aufrechten Standposition greifen sich beide Hände mit gestreckten Armen auf Schulterhöhe vor dem Körper. Durch ein Vorschieben beider Arme bis zum Einrunden der Brustwirbelsäule, werden die Schulterblattfixatoren statisch gedehnt. Da hierbei die der Agonist den Antagonisten dehnt, spricht man von einer aktiven Dehnung.

3.2.9 Schulter- und Bauchmuskulatur

Um vorrangig den hinteren Teil der Schulter, den Latissimus sowie die Bauchmuskulatur zu dehnen, nimmt die Person einen aufrechten, hüftbreiten Stand ein. Die Knie sind leicht angewinkelt. Nun werden beide Arme maximal möglich abduziert und über dem Kopf verschränkt. Bei seitlicher Neigung des Oberkörpers wird gleichzeitig die Schulter der langen Seite bis zur Dehnung nach oben geschoben und gehalten. Nach der Dehnung dieser Seite erfolgt ein Seitenwechsel.

3.2.10 Seitliche Bauchmuskulatur

Zur Dehnung der seitlichen Bauchmuskulatur nimmt der Proband eine auf dem Rücken liegende Position ein. Der Kopf liegt in Verlängerung der Wirbelsäule auf dem Boden auf. Nun werden beide Beine im 90°-Winkel auf eine Seite gelegt. Die Schultern bleiben auf dem Boden fixiert. Durch das diagonal nach oben schieben des den Beinen gegen-überliegenden Armes, stellt sich eine statische Dehnung der betreffenden Muskulatur ein.

3.3 Belastungsgefüge

Das tägliche absolvieren des Dehnprogramms kann im Fitness- und Gesundheitssport empfohlen werden. Im Rahmen eines Minimalprogramms sollte Herr G. seine Beweg-lichkeit mindestens 2-3 mal/Woche trainieren. Bei den beschriebenen Übungen werden je 3 Sätze á 45 Sekunden durchgeführt. Bei sämtlichen Dehnübungen kann eine möglichst hohe Dehnspannung erzeugt werden. Eine maximal tolerierbare Schmerzgrenze sollte dennoch nicht angestrebt werden (Schönthaler & Ohlendorf, 2002).

3.4 Übungsbegründung unter Bezugnahme der Personendaten und Ergebnisse der Beweglichkeitstests

Schwerpunkt der Trainingsplanung liegt aufgrund des beruflichen Alltags und den daraus resultierenden Beweglichkeitseinschränkungen in Brust-,Hüftbeuge- und Wadenmusku-latur sowie Insbesondere die Kniebeugemuskulatur auf der Muskulatur der unteren Ext-remitäten. Aufgrund der fehlenden Trainingserfahrung von Herrn G. stellen die ausge-wählten Übungen vorwiegend koordinativ leicht durchzuführende Übungen dar. Da jedes

Dehnprogramm statische, dynamische, aktive, passive sowie postisometrische Aspekte aufweisen solle, ist dies auch in der hiesigen Trainingsplanung umgesetzt worden. (Wiemeyer, 2002, S. 58).

4 Trainingsplanung Koordinationstraining

Im folgenden wurde eine Trainingsplanung zur verbesserund der Gleichgewichts von Herrn G. erstellt. Ziel des Trainings ist eine Verbesserung der Koordination im Sinne eines Gleichgewichttrainings.

4.1 Übersicht der verwendeten Koordinationsübungen

Tabelle 7: Übersicht der verwendeten Koordinationsübungen (eigene Darstellung)

Nummer	Beschreibung
1	Beidbeiniger Stand auf dem Boden mit geschlossenen Augen
2	Beidbeiniger Stand auf dem Airex-Pad mit offenen Augen
3	Beidbeiniger Stand auf dem Airex-Pad mit geschlossenen Augen
4	Beidbeiniger Stand auf dem Airex-Pad mit offenen Augen und Pezzi-Ball
5	Beidbeiniger Stand auf dem Airex-Pad mit geschlossenen Augen und Pezzi-Ball
6	Beidbeiniger Stand auf dem Airex-Pad mit offenen Augen, Pezzi-Ball und Impulsgebung
7	Beidbeiniger Stand auf dem Airex-Pad mit geschlossenen Augen, Pezzi-Ball und Impulsgebung
8	Einbeiniger Stand auf dem Airex-Pad mit offenen Augen und Pezzi-Ball
9	Einbeiniger Stand auf dem Airex-Pad mit offenen Augen, Pezzi-Ball und Impulsgebung
10	Einbeiniger Stand auf dem Airex-Pad mit geschlossenen Augen, Pezzi-Ball und Impulsgebung

4.2 Detaillierte Beschreibung der einzelnen Koordinationsübungen

Sämtliche hier aufgeführten Koordinationsübungen bauen systematisch aufeinander auf. Die Auswahl und die Schwierigkeit der Übungen bemessen sich am ermittelten Leisungszustand von Herrn G.

4.2.1 Beidbeiniger Stand auf dem Boden mit geschlossenen Augen

Die Person steht mit geschlossenen Augen aufrecht auf dem Boden. Die Knie sind leicht angewinkelt und die Arme hängen locker am Körper herunter. Das Becken ist nach vorne gekippt und die Schulterblätter nach hinten unten gezogen. Der Proband verlagert nun den Körperschwerpunkt im Kreis um die Körpermitte. Er fühlt den Boden unter seinen Füßen und nimmt sein Gleichgewicht bewusst wahr.

4.2.2 Beidbeiniger Stand auf dem Airex-Pad mit offenen Augen

Mit beiden Beinen, wie eben beschrieben, aufrecht stehend auf dem Airex-Pad wird das Gleichgewicht mit offenen Augen auf nachgebendem Boden bewusst wahrgenommen.

4.2.3 Beidbeiniger Stand auf dem Airex-Pad mit geschlossenen Augen

In eben eingenommener Position werden nun beide Augen geschlossen.

4.2.4 Beidbeiniger Stand auf dem Airex-Pad mit offenen Augen und Pezzi-Ball

Mit wieder geöffneten Augen wird nun ein Pezzi-Ball mit beiden Händen über den den Kopf gehalten. Beide Arme sind gestreckt und die Augen geöffnet.

4.2.5 Beidbeiniger Stand auf dem Airex-Pad mit geschlossenen Augen und Pezzi-Ball

Nun werden bei gleichbleibender Körperhaltung die Augen geschlossen.

4.2.6 Beidbeiniger Stand auf dem Airex-Pad mit offenen Augen, Pezzi-Ball und Impulsgebung

In selber Körperhaltung werden nun Impulse in Form von Stößen auf den Pezziball ausgeübt. Der Proband hat hierbei die Aufgabe die einwirkenden Impulse zu kompensieren.

4.2.7 Beidbeiniger Stand auf dem Airex-Pad mit geschlossenen Augen, Pezzi-Ball und Impulsgebung

Die eben durchgeführte Übung wird nun mit geschlossenen Augen durchgeführt.

4.2.8 Einbeiniger Stand auf dem Airex-Pad mit offenen Augen und Pezzi-Ball

Im folgenden wird der beidbeinige Stand auf dem Airex-Pad nun auf ein Bein verlagert. Mit geöffneten Augen wird der Pezzi-Ball auch hier mit gestreckten Armen über den Kopf gehalten.

4.2.9 Einbeiniger Stand auf dem Airex-Pad mit offenen Augen, Pezzi-Ball und Impulsgebung

In selber Körperhaltung werden nun wieder Impulse in Form von Stößen auf den Pezziball ausgeübt.

4.2.10 Einbeiniger Stand auf dem Airex-Pad mit geschlossenen Augen, Pezzi-Ball und Impulsgebung

Nun werden die Augen geschlossen und der Proband versucht einbeinig auf dem Airex-Pad mit dem Pezzi-Ball die Impulse zu kompensieren.

4.3 Belastungsgefüge

Die Trainingshäufigkeit wird im vorliegenden Fall aufgrund der Untrainiertheit von Herrn G. auf 2-3 mal/Woche angesetzt. 3-4 Sätze pro Übung mit je 30 Sekunden Dauer stellen hierbei ein Gesundes Maß dar. Die Satzpausen von 20 Sekunden sollten nach Möglichkeit eingehalten werden. Bei Ermüdungszuständen des Trainierenden während des Trainings ist die Trainingseinheit jedoch einzustellen.

4.4 Übungsbegründung unter Bezugnahme auf die Personendaten

Schwerpunkt des dargestellten Programms stellt das Training der Gleichgewichtsfähigkeit dar. Im Rahmen der aufgeführten koordinativen Aufgaben soll die Orientierung des eigenen Körpers im Raum durch die Wahrnehmung über Stellung und Bewegung der Gelenke trainiert werden (Häfelinger & Schuba, 2007, S. 24).

Die aufgeführten Aufgaben bauen methodisch progressiv aufeinander auf. Unter Berücksichtigung des Trainingszustandes von Herrn G., wird somit mit koordinativ einfachen Übungen begonnen welche im Folgenden auf eine koordinativ anspruchsvolle und komplexe Übung ausgerichtet sind.

5   Literaturrecherche

Im Folgenden werden zwei Studien zum Thema "Effekte des Dehnens auf die Bewegungsreichweite bzw. auf die Dehnungsspannung" vorgestellt.

Tabelle 8: Gegenüberstellung zweier Studien (eigene Darstellung)

Studie 1		Studie 2
Kurzfristige Effekte verschiedener singulärer Muskeldehnungen	**Titel der Studie**	Wie beeinflussen unterschiedliche Dehnintensitäten kurzfristig die Veränderung der Bewegungsreichweite?
Glück, S., Roemer, K. & Wydra, G.	**Wer hat die Studie durchgefuhrt?**	Marschall, F.
Deutsche Zeitschrift für Sportmedizin, 1999	**In welchem Jahr wurde die Studie publiziert?**	Deutsche Zeitschrift für Sportmedizin, 1999
23 Versuchspersonen, 8 Frauen und 15 Männer, Alter 24,2±1,3 Jahre; Größe 171,1±4,9 cm; Gewicht 65,3±9,8kg	**Mit welchen Versuchspersonen wurde die Studie durchgeführt?**	21 Versuchspersonen, 9 Frauen und 12 Männer, Alter 24,8±3,4 Jahre; Größe 172,9±8,5 cm; Gewicht 66,6±11,0 kg
Untersucht wurde die Effektivität der statischen, dynamischen sowie der postisometrischen Dehnung. Hierbei wurde die kurzfristige Änderung der Dehnungsspannung, der Dehnfähigkeit sowie die maximal zu tolerierende Dehnspannung der ischiocruralen Muskulatur gemessen. Dies geschah unter	**Wie sah der Versuchsaufbau der Studien aus?**	Nach einem Eingewöhnungstest zur Erfassung der D_{max} wurden die Teilnehmer nach dem Zufallsprinzip in die treatment-Gruppen "Weiches Dehnen" und "Maximales Dehnen" aufgeteilt. Nach dem Aufwärmen der ischiocruralen Muskulatur auf dem Fahrreadergometer, wurde die maximal mögliche Bewegungsreichweite der

Zuhilfenahme einer speziellen Apparatur. 30 Sekunden verblieben die Probanden in einer statischen Dehnung. Dynamisch dehnten sich die Probanden mehrmals rhythmisch mit hilfe eines Zugseils. Postisometrisch kontrahierten die Personen im 30 Sekundenintervall 4 mal maximale die ischiocrurale Muskulatur für fünf Sekunden. Im wöchentlichen Abstand erfolgte die statische, die postisometrische und in der dritten Woche die dynamische Dehnung.

Kniegelenkbeugung erfasst.

Die treatment-Prozedur umfasste ohne Pause 15 Wdh. aus der Neutral-$0°$-Position des Hüftgelenks bis zur von der jeweiligen Versuchsperson definierten treatment-Grenze.

Der Untersuchungstermin schloß mit einer wiederholten Ermittlung der D_{max} ab.

Alle Dehntechniken zeigten eine kurzfristige Verbesserung der Dehnfähigkeit und eine Reduktion der Dehnspannung. Am effektivsten stellte sich die postisometrische sowie die dynamische Dehnung heraus.

Welche relevanten Ergebnisse und Schlussfolgerungen lieferte die Studie?

Beide Intensitätsstufen führten zu einer signifikanten Verbesserung der maximalen Bewegungsreichweite. Die Ergebnisse der maximalen Dehnintensität ist der submaximalen Dehnintensität deutlich überlegen.

6   Literaturverzeichnis

Glück, S., Roemer, K. & Wydra, G. (1999). Kurzfristige Effekte verschiedener singulärer Muskeldehnungen. *Deutsche Zeitschrift für Sportmedizin 50* (1), 10-16.

Häflinger, U. & Schuba, V. (2007). Koordinationstherapie - propriozeptives Training (3. Aufl). Aachen: Meyer & Meyer

Hohmann, A., Lames, M. & Letzelter, M. (2002). Einführung in die Trainingswissenschaft (2. Aufl). Wiebelsheim: Limpert.

Hypertens, J. (1999). 1999 World Health Organization-International Society of Hyptension Guidelines for the Management of Hypertension. Guidelines Subcommitte. Journal Hypertens.

Janda, V. (2000). Manuelle Muskelfunktionsdiagnostik (4. Aufl). München: Urban und Fischer.

Marschall, F. (1999). Wie beeinflussen unterschiedliche Dehnintensitäten kurzfristig die Veränderung der Bewegungsreichweite?. *Deutsche Zeitschrift für Sportmedizin, 50* (1), 5-9.

Ohlendorf, K., Schönthaler, S. (2002). Biomechanische und neurophysiologische Veränderungen nach ein- und mehrfach seriellem passiv-statischem Beweglichkeitstraining. Wissenschaftliche Studie des Bundesinstituts für Sportwissenschaft. Sportverlag Strauß

Weineck, Jürgen (2003): Sportanatomie. 16. Auflage, Balingen

Wiemeyer, J. (2002). Dehnen - eine sinnvolle Vorbereitungsmaßnahme im Sport?. *Spectrum der Sportwissenschaften, 14*(1), 53-80.

7 Abbildungs- und Tabellenverzeichnis

7.1 Tabellenverzeichnis